健康活力唤醒系列

一平米居家

儿童健身

《健康活力唤醒》编写组　编

化学工业出版社
·北京·

内 容 提 要

《一平米居家儿童健身》从儿童热身准备活动开始，涵盖了稳定与平衡支撑运动、儿童蹲起与跳跃运动、儿童协调与灵敏运动、儿童家庭亲子互动小游戏以及运动后的儿童牵拉放松等内容。除此之外还介绍了目前学校关注、家长关心的儿童体质测试中跳绳、仰卧起坐、坐位体前屈的练习方法和提升分数要点。

《一平米居家儿童健身》中的动作内容以简要文字、静态图片、动态视频三种方式进行讲解，还设置有亲子互动游戏章节。动作生疏时可以看书学，也可以随时扫码跟着视频练，便于家长对孩子进行指导。

希望通过此书促进家庭形成良好的生活方式，使运动成为习惯、健康成为常态。

图书在版编目（CIP）数据

一平米居家儿童健身 / 《健康活力唤醒》编写组编
. —北京：化学工业出版社，2020.8
（健康活力唤醒系列）
ISBN 978-7-122-37007-5

Ⅰ．①一… Ⅱ．①健… Ⅲ．①儿童－体育锻炼－基本
知识 Ⅳ．①G806

中国版本图书馆 CIP 数据核字（2020）第 085459 号

责任编辑：宋　薇
责任校对：刘曦阳　　　　　　　　　　　　　装帧设计：水长流文化

出版发行：化学工业出版社（北京市东城区青年湖南街 13 号　邮政编码 100011）
印　　装：北京缤索印刷有限公司
880mm×1230mm　1/24　印张 5　字数 128 千字　2020 年 9 月北京第 1 版第 1 次印刷

购书咨询：010-64518888　　　　　　　　售后服务：010-64518899
网　　址：http://www.cip.com.cn
凡购买本书，如有缺损质量问题，本社销售中心负责调换。

前言

　　儿童正处于肌肉骨骼和神经系统发展的关键时期，也是速度素质、柔韧素质、灵敏素质和协调性发展的敏感期，是动作认知的黄金期。在抗击"新冠病毒"的隔离期间，居家健身的概念也逐渐走进了人们的视野。

　　居家健身又称家庭训练，是一种以家庭为核心，通过多种运动训练的方法及手段，提高身体机能素质、提高身体免疫力的体育健身模式。儿童居家健身包括儿童个人活动、家长个人活动、亲子互动活动、亲子游戏活动等，有着丰富多样的表现形式。《一平米居家儿童健身》以"正确的引导、正确的指导、正确的方法、正确的效果"为出发点，以有料、简便、适合儿童健身的动作设计促进儿童的身体发育，通过特定的动作训练及游戏活动提高儿童肌群力量的平衡度，建立良好的身体姿态，为进一步提高儿童运动能力奠定良好的训练基础。

　　《一平米居家儿童健身》中介绍的动作简单易学、要领明确、练习方式有趣，每个动作或游戏都配有视频演示讲解，扫码即可观看，既可以孩子独立练习，也可以家庭成员一起锻炼。

　　在本书的筹备和编写过程中，北京体育职业学院的领导给予了大力支持和帮助，在此表示感谢！知行少儿体能协助完成了视频和图片的拍摄工作，在此一并表示感谢。

　　限于写作时间和水平，书中若有不妥之处，敬请读者批评指正。

《健康活力唤醒》编写组

2020年4月

目录

第 **7** 章　家庭亲子互动小游戏

第 **8** 章　儿童运动后牵拉放松

第 **9** 章　　小学生体质测试指标练习

　　　　　　——跳绳、仰卧起坐和坐

　　　　　　位体前屈

儿童居家运动方案
设计的要点与活动原则

1. 儿童居家科学运动原则

儿童居家科学运动原则

（1）安全性原则

运动过程中，身体活动幅度、动作难易程度应在安全可控的范围内，最好有家长陪同参与锻炼，同时，由于室内场地有限，应避免儿童进行快速跑动，以免磕伤、撞伤。

（2）适度性原则

在居家防疫期间，为确保运动安全有效，运动强度必须控制在适宜范围之内。强度过低，不能达到运动效果；而突然进行大强度、长时间的运动，则会导致身体机能失调，使身体受到伤害，甚至降低免疫功能，使儿童更易患病。适宜的运动强度可通过以下感觉来判断：运动后感觉轻度呼吸急促，周身微热，面色微红，内心感觉轻松愉快，虽稍感疲乏，但休息后可消失。

（3）多样化原则

儿童时期的孩子们大脑兴奋性强而抑制功能弱，专注度不够持久，对新鲜事物兴趣高，但坚持性差。因此，儿童居家健身的方式方法应多种多样，在每日运动中应尽可能组合不同的运动形式，以增加儿童的运动兴趣。

国家体育总局体育科学研究所

中国体育科学学会

2. 儿童居家运动活动方案设计要点

一个完整的运动方案应该包括运动前的热身准备、全体训练、运动后的伸展放松三个大的环节，运动过程可以采取多种运动形式和运动手段，应结合不同年龄段孩子的特点展开相应的练习。本书中的运动方案主要是针对3～10岁年龄段的儿童进行设计。

（1）儿童居家运动形式

3～10岁年龄段的儿童大脑兴奋性强而抑制功能弱，专注度不够持久，对新鲜事物兴趣高，但持续时间较短。因此儿童居家练习的方式一定要多样化，以增加儿童练习的兴趣。

根据儿童身心发展特点，在进行体育锻炼时应以灵敏、柔韧、协调和平衡练习为主，例如做一些口令类动作，钻"山洞"、推"小车"、跳格子、爬行等。

同时也可通过游戏形式展开，来增加与家人的互动，不仅能增强体质，还可以促进家人间的情感关系。

（2）儿童运动强度

运动强度是指身体练习时对人体生理刺激的程度，是构成运动量的因素之一。儿童居家练习要以中低强度为主，身体微微出汗为宜，即运动后感觉轻度呼吸急促，周身微热，面色微红，内心感觉轻松愉快。虽然稍微感觉有点疲乏，但是经过休息以后可以消除，并且没有疼痛和麻木。

（3）儿童运动时间

运动时间是指运动持续的时间。国家体育总局体育科学研究所研究员徐建方建议：儿童可上午、下午和晚上各进行15～20分钟的居家练习，防止儿童返校后肥胖和近视率的急剧上升。

（4）儿童运动频率

运动频率，一般指每周的锻炼次数。儿童居家锻炼一般每周3～4次，或隔天进行，保证好充分的休息时间。

（5）儿童居家运动其他注意事项

① 运动后的保暖。运动后体温相对较高，应及时换下运动衣物，避免感冒，同时少量多次饮水。

② 身体不适时注意休息。运动对体能的消耗是比较大的，如果身体存在不适，如感冒，应选择休息。抵抗外来的病毒或者细菌，体能消耗也是比较大的，最好注意多休息，不适症状减轻后再适当运动。

⚠ **特别说明**

　　书中动作解释中展示的图片拍摄于动作过程中的一个时刻，并不能完全表达动作的全面性，所以特配有演示视频，供读者详细参考。

第

2

章

儿童热身
准备活动

　　准备活动又被称为"热身"，是在参加体育运动之前为克服内脏器官生理惰性，缩短进入工作状态时长和预防运动创伤而进行的有目的的身体练习。

　　进行准备活动可以调节运动前的不良状态，使大脑反应速度加快，参加活动的运动中枢间相互协调，为运动时生理功能迅速达到适宜程度做好准备；可以提高心血管系统和呼吸系统的机能水平，克服内脏器官生理惰性，缩短进入工作状态时程；促进体温升高，提高肌肉和韧带的弹性及伸展性，有效减少运动过程中产生拉伤、扭伤等运动损伤的风险。

　　居家练习，运动量相对而言较小，但是家长也应督促儿童做好必要的准备活动，以减少不必要的运动损伤。下面就从一般性热身和动态拉伸两部分来介绍准备活动的内容。

一、一般性热身

　　一般性热身的作用在于提高机体温度，加速血流，降低肌肉的黏滞性。下面我们介绍几种一般性热身的方法，家长和儿童可根据家庭居住环境，选择适合自己的热身方法。

1. 直臂原地踏步

直臂原地踏步

（技术要领）　从左脚开始，身体保持正直；脚离地面15厘米，落下时，前脚掌先落地；两手半握拳，两臂直臂前后摆动，摆动幅度尽量大。

（时间与组数）每组1分钟，3组。

（注意事项）踏步时避免出现同手同脚现象。

（温馨提示）家长与儿童练习时可以用"一二一""立定"等口令来增加练习的趣味性，同时也能锻炼儿童的方向识别能力。

2. 军步走

军步走

（技术要领）从左脚开始，身体保持正直；两臂屈肘前后摆动，大腿前摆至水平位时，大小腿充分折叠，臀部带动大腿积极下压，脚尖向前，落地瞬间前脚掌先着地。

（次数与组数）每组10次，3组。

（注意事项）摆臂及踏步要积极主动，避免出现同手同脚现象。

（温馨提示）在动作熟练的情况下，家长可引导儿童练习。

3. 提膝转髋（内/外）

提膝转髋（内/外）

（技术要领）两手臂叉腰；左腿支撑，提右膝至腰部位置，右膝由内至外旋转90度，右脚顺势落地支撑，换左侧交替进行。

（次数与组数）每组10次，3组。

（注意事项）转髋同时，上体保持不动。

（温馨提示）在熟悉由内至外旋转动作的前提下，家长可引导儿童提膝由外至内旋转。

4. 慢跑

慢跑

（技术要领）跑步时，身体稍前倾，肩部放松，双臂屈肘，自然放于体侧；腿部放松，一条腿后蹬时，另一条腿屈膝前摆，前摆侧腿，脚跟先着地，然后迅速过渡到全脚掌着地。

（距离与时间）根据居家练习场地，选择适当距离，时间以身体微出汗为准。

（注意事项）呼吸可采用两步或三步一呼一吸。

（温馨提示）如果家中场地有限，也可原地进行。

5. 侧向跑

侧向跑

（技术要领）跑步时，身体稍前倾，肩部放松，双臂屈肘，自然放于体侧，一侧腿蹬地向对侧跑。

（距离与时间） 根据居家练习场地，选择适当距离，时间以身体微出汗为准。

（注意事项） 侧向跑既可在慢跑过程中穿插进行，也可单独来进行。

（温馨提示） 儿童在练习过程中，家长可随时发口令，令其变换方向。如果家中场地有限，也可原地进行。

6. 后踢跑

后踢跑

（技术要领） 在慢跑动作的基础上，两手手心向外，放于臀部；跑步时，脚后跟踢臀部手的位置。

（距离与时间） 根据居家练习场地，选择适当距离，时间以身体微出汗为准。

（注意事项） 后踢跑既可在慢跑过程中穿插进行，也可单独进行。

（温馨提示） 儿童在练习过程中，家长可随时令其变换方向，如侧向踢臀或后退式方法。如果家中场地有限，也可原地进行。

7. 侧踢跑

侧踢跑（1）　　侧踢跑（2）

技术要领　在慢跑动作的基础上，两臂外展，放于体侧，手心向下；跑步时，两脚分别去碰触同侧手。

距离与时间　根据居家练习场地，选择适当距离，时间以身体微出汗为准。

注意事项　侧踢跑既可在慢跑过程中穿插进行，也可单独进行。

温馨提示　儿童在练习过程中，家长可随时令其变换方向。如果家中场地有限，也可原地进行。

8. 直腿前踢跑

直腿前踢跑

技术要领　在慢跑动作的基础上，两腿伸直前踢，前脚掌着地；两手自然放于体侧前后摆动。

距离与时间　根据居家练习场地，选择适当距离，时间以身体微出汗为准。

注意事项　直腿前踢跑既可在慢跑过程中穿插进行，也可单独进行。

温馨提示　儿童在练习过程中，家长可随时令其变换方向。如果家中场地有限，也可原地进行。

9. 高抬腿

高抬腿

技术要领 上体正直或稍前倾，一侧腿支撑，另一侧腿屈膝前摆至大腿平行于地面，在交替蹬摆跑动的同时双臂伴随前后摆动。

次数与组数 每组10次，3组。

注意事项 落地时大腿积极下压，摆臂有力。

温馨提示 家长可带领孩子在高抬腿走的前提下，进行行进间快速高抬腿或侧向高抬腿练习。

10. 跨步跳

跨步跳

技术要领 单脚屈膝起跳，上体稍前倾，后腿用力蹬伸，前腿屈膝送髋主动下压，两臂屈肘摆动。

次数与组数 每组6～8次，3组。

注意事项 腿部积极发力。

温馨提示　在儿童练习时家长应注意练习场地的安全性，或进行原地练习，避免儿童碰到不安全因素。

11. 侧滑步

侧滑步

技术要领　两脚平行站立，两膝屈曲约135度，上体略前倾，两臂侧平举；向左侧滑步时，右腿向左侧蹬地的同时左脚向左迈出，两脚保持一定距离，重复进行。

距离与组数　根据实际情况设定距离，练习3～5组。

注意事项　侧滑步时，要保持屈膝低重心的姿势，身体不要上下起伏，两腿不要交叉，重心保持在两腿之间，两眼目视前方。

温馨提示　练习时家长可配合模拟篮球防守动作。

12. 前滑步

前滑步

技术要领　两脚平行站立，向前滑步时，前脚向前迈出一步，着地的同时，后脚紧随着向前滑动，保持前后开立姿势，注意屈膝降低重心。

距离与组数 根据实际场地情况设定距离，为3～5组。

注意事项 前滑步时，保持屈膝降低重心，身体不要上下起伏，前脚同侧臂上举，另一臂侧下张开。

温馨提示 练习时家长可配合模拟篮球防守动作。

13. 后撤步

后撤步

技术要领 做后撤步时，用前脚的脚前掌内侧蹬地，同时腰部用力向后转动，后脚碾蹬地面，前脚快速后撤。

距离与组数 根据实际情况设定距离，组数为3～5组。

注意事项 前脚蹬地后撤要快，后脚碾地扭腰转髋要猛，后撤角度不宜过大，身体不要起伏。

温馨提示 练习时家长可配合模拟篮球防守动作。

14. 双脚原地跳

双脚原地跳

(技术要领) 两腿开立与肩同宽，上体稍前倾，两臂屈肘放于体侧，膝微屈；听到口令后，两脚前脚掌快速同时点地，两臂自然摆动。

(时间与组数) 每组20～40秒，3～5组。

(注意事项) 前脚掌同时离地、着地，膝关节不要过脚尖。

(温馨提示) 家长可以在儿童熟练掌握的基础上进行前、后、左、右不同方向的口令练习，以观察儿童的反应能力，同时提高其练习的兴趣。

15. 双脚原地交替跳

双脚原地交替跳

(技术要领) 两腿开立与肩同宽，上体稍前倾，两臂屈肘放于体侧，膝微屈；听到口令后，两脚快速交替点地，两臂自然摆动。

(时间与组数) 每组20～40秒，3～5组。

(注意事项) 两脚前脚掌交替离地、着地，膝关节不要过脚尖。

(温馨提示) 家长可根据儿童练习情况，与其进行规定时间内的双脚着地次数的比赛，以提高练习的积极性。

16. 两点左右跑

两点左右跑

（技术要领）放置两个矿泉水瓶，两瓶之间距离可根据情况自行掌握，让孩子使用侧滑步（具体练习方法可见侧滑步技术要领）在两水瓶之间快速移动。

（次数与组数）每组10～20次，2～3组。

（注意事项）滑步练习时屈膝降重心，身体重心在两腿之间，身体不要起伏过大。

（温馨提示）在练习时家长要保证儿童脚下的安全性，以免滑倒。

二、动态伸展

　　动态伸展练习通过利用肌肉主动收缩来拉长肌肉、拉伸韧带为接下来的运动提供安全保障。动态伸展除了能增加关节活动范围外，还能增强肌肉肌腱弹性，使肌肉与肌腱的性能得到一定程度的改善，从而起到预防运动损伤的作用。下面我们将介绍几种动态伸展。

1. 前后振臂

前后振臂

技术要领 在行走中进行此练习，两臂一上一下交替后振；手臂放松，动作幅度逐渐增大。

次数与组数 每组10次，1组。

注意事项 身体保持正直，躯干保持稳定。

温馨提示 练习中，家长要有意识提醒儿童后振的幅度。

2. 肩肘摆手

肩肘摆手

技术要领 在行走中进行此练习，手臂水平曲于身前，掌心朝下，摆臂时上肢与地面平行；手臂放松，动作幅度逐渐增加。

次数与组数 每组10～12次，1组。

注意事项 身体保持正直，躯干保持稳定。

温馨提示 家长在儿童练习中可加入"跨步""摆臂"等引导词来和孩子一起练习。

3. 抬腿提踵向前走

抬腿提踵向前走

技术要领　双手抱腿，使大腿尽量靠近胸部，支撑腿始终与地面垂直；腿靠向胸部的同时，支撑腿进行提踵。

次数与组数　每组6～8次，1组。

注意事项　练习时上体始终保持正直，躯干保持稳定。

温馨提示　练习过程中，家长在旁协助儿童，以免重心不稳摔倒。

4. 髋关节外旋提踵向前走

髋关节外旋提踵
向前走

技术要领　髋关节外旋（小腿与地面平行），双手抱住小腿向上提拉；提小腿的同时，支撑腿进行提踵；动作幅度逐渐加大。

次数与组数　每组6～8次，1组。

注意事项　练习时上体始终保持正直，躯干保持稳定。

温馨提示　练习过程中，家长在旁协助儿童，以免重心不稳摔倒。

5. 屈膝提踵

屈膝提踵（单手）　　屈膝提踵（双手）

技术要领 髋关节保持稳定；侧手握同侧踝关节部位，小腿贴近臀部的同时，支撑腿提踵支撑，另一侧手臂直臂上举；之后换另一侧，行进间进行此动作。

次数与组数 每组6～8次，1组。

注意事项 练习时上体始终保持正直，躯干保持稳定。

温馨提示 练习过程中，家长在旁协助儿童，以免重心不稳摔倒。

6. 弓步向前

弓步向前

技术要领 自然站立，两手交叉放于脑后；左腿向前跨步，下蹲时膝不过脚尖，膝关节屈90度，与脚尖同一方向，右腿屈膝下蹲，前脚掌支撑；换腿时，右腿跨步屈膝上提，自然下落，重复之前动作。

次数与组数 每组6～8次，1组。

注意事项 练习时躯干垂直于地面，骨盆稳定。

温馨提示　练习过程中，家长有意识提醒儿童身体重心的保持并监督。

7. 横向弓步

横向弓步

技术要领　自然站立，双手交叉置于头后，抬起一侧腿向侧面完成侧弓步，下蹲时膝关节朝向脚尖方向；前膝屈90度，且不要超过脚尖。

次数与组数　每组6～8次，1组。

注意事项　上体始终保持正直，髋关节稳定。

温馨提示　练习过程中，家长在旁协助儿童，以免重心不稳摔倒。

8. 弓步体前屈伸臂转体直腿起

弓步体前屈伸臂
转体直腿起

(技术要领) 弓步下蹲膝关节朝脚尖方向；前膝屈90度，且不要超过脚尖；身体前倾，同侧肘部放在身体内侧尽量接近地面；一侧手撑地，另一侧上肢直臂上举与地面垂直；两手撑地起身两腿伸直站立，之后换另外一侧。

(次数与组数) 每组6～8次，1组。

(注意事项) 贴近地面时要直背不能弓腰；旋转时两臂与上体在一个平面；站立时两腿不能屈膝，上肢用力撑起身体。

(温馨提示) 儿童练习中，家长站其中心位置，以免儿童失衡摔倒。

9. 手足前走

手足前走

(技术要领) 练习时上体始终保持正直；直臂俯撑于地面；两腿交替前行，两腿始终保持伸直，然后双手交替前爬，身体重新与地面平行。

(次数与组数) 每组6～8次，1组。

(注意事项) 两腿始终伸直不能屈膝；两手向前爬时上体要保持稳定，不能晃动身体。

(温馨提示) 家长可参与儿童练习，并监督膝关节是否有弯曲。

10. 鸭子步

技术要领　双手背后深蹲，前脚掌支撑，腰部挺直，两脚外撇前行，前行时上身保持稳定。

次数与组数　每组6~8次，1组。

注意事项　支撑腿大小腿尽量贴紧。

温馨提示　家长可参与儿童练习，并监督儿童身体重心是否过高，大小腿的折叠幅度是否到位。

第

3

章

儿童爬行运动

　　爬行是一种水平运动，能够反映出人体的平衡性及核心稳定性。爬行也是一种对称性运动，大脑在发育时会呈现出共同发展的状态。爬行过程中需要用四肢、手脚、腕、肩有规律、有节奏地相互配合。爬行可以促进人体的血液循环，对于防止心血管疾病发生有着积极的作用，爬行还能够使全身的肌肉、韧带、骨骼甚至神经系统都参与到运动中，使人体肌肉变得更有张力，收缩自如，减少骨质疏松。除此之外爬行还能锻炼脑前庭的平衡系统，促进呼吸功能，是很好的有氧运动。

1. 横向手膝爬行

横向手膝爬行

　　（技术要领）手膝四点支撑于垫上，背部挺直，从场地一侧出发。右侧爬行时，左手与右膝向右依次移动，之后右手与左膝依次向右移动，到达场地另一侧，然后向左爬行回到起点。

　　（距离与组数）每组5米，3~5组。

　　（注意事项）平稳支撑身体，保持直线爬行。

　　（温馨提示）家长尽量提供较柔软的练习场地，在儿童熟练掌握动作的基础上，与儿童进行爬行比赛。

2. 横向手脚爬行

横向手脚爬行

（技术要领） 手脚支撑动作准备，臀部提起，与头部、肩部呈一条线，从场地一侧出发；

右侧爬行时，左手与右脚向右依次移动，之后右手与左脚跟上；然后向左爬行至起点。

（距离与组数） 每组5米，3～5组。

（注意事项） 移动中核心区尽量保持在同一水平面，直线爬行。

（温馨提示） 家长提醒儿童爬行速度不宜过快，以免摔倒。

3. 虫爬

虫爬

（技术要领） 站立位双脚并拢；开始时，手臂向前爬至身体打直，手臂固定，腿伸直、脚

向前迈步直至呈站立体前屈位置。手臂和脚尖的位置越靠近则难度越大。

距离与组数　每组5米，3～5组。

注意事项　练习过程中，两膝关节尽量伸直。

温馨提示　家长可根据儿童的力量来决定手撑的位置。

4. 平地金刚

平地金刚

技术要领　起始位蹲姿，双脚并拢，双手略宽于肩支撑于体前；开始时手臂支撑，双脚发力向前跳于双手中间。

距离与组数　每组5米，3～5组。

注意事项　动作过程中双脚尽量不要分开。

温馨提示　儿童练习中，注意跳跃的距离，避免移动距离与身体重心不协调而导致摔倒。

5. 侧向金刚

侧向金刚

技术要领 　起始位蹲姿，双脚并拢，双手支撑于身体侧前方；开始时，手臂支撑，双脚发力向侧方跳跃。

距离与组数 　每组5米，3~5组。

注意事项 　动作过程中双脚尽量不要分开。

温馨提示 　练习中，注意跳跃的距离，避免移动距离与身体重心不协调而导致摔倒。

6. 猫爬起始动作

猫爬起始动作

技术要领 起始位跪姿，双手支撑，手臂垂直于地面，脚尖支撑于地面；开始时双手与脚尖支撑，膝盖抬离地面，后背挺直，不要塌陷，保持这个动作至开始爬行。

时间与组数 每组30～50秒，3～5组。

注意事项 身体重心控制到位。

温馨提示 儿童在练习起始动作手脚支撑时，家长可通过增加难度来考验儿童身体重心的控制能力。

7. 正向猫爬

正向猫爬

（技术要领） 起始呈双手双膝跪姿，双臂伸直，腹部收紧；开始时，双手与脚尖支撑，膝盖抬离地面，后背挺直，不要塌陷；对侧手脚同时向前行进，交替进行。

（距离与组数） 每组5米，3～5组。

（注意事项） 移动过程中控制身体重心及爬行节奏。

（温馨提示） 家长提醒儿童爬行速度不宜过快，以免摔倒。

8. 侧向猫爬

侧向猫爬

（技术要领） 起始呈双手双膝跪姿，双臂伸直，腹部收紧；开始时，双手与脚尖支撑，膝盖抬离地面，后背挺直，不要塌陷；同侧手脚同时向侧方行进，交替进行。

（距离与组数） 每组5米，3～5组。

（注意事项） 移动过程中控制身体重心及爬行节奏。

（温馨提示） 家长提醒儿童爬行速度不宜过快，以免摔倒。

9. 倒退猫爬

倒退猫爬

技术要领　起始呈双手双膝跪姿，双臂伸直，腹部收紧；开始时，双手与脚尖支撑，膝盖抬离地面，后背挺直，不要塌陷；同侧手脚同时向后方行进，交替进行。

距离与组数　每组5米，3～5组。

注意事项　移动过程中控制身体重心及爬行节奏。

温馨提示　家长提醒儿童爬行速度不宜过快，以免摔倒。

10. 旋转爬行

旋转爬行

技术要领　双臂伸直俯撑，臀部提起，腰背挺直，腹部收紧；以手的位置为圆心，双脚呈顺时针或逆时针移动。

（次数与组数）每组3～6圈，3～5组。

（注意事项）旋转爬行中，注意控制爬行速度。

（温馨提示）家长可在儿童练习时，发出"顺时针""逆时针"口令，锻炼儿童的反应

能力。

11. 蟹爬

蟹爬

（技术要领）面向行进方向，仰卧用四肢撑地，臀部离地，手指朝前，对侧手脚前行或后

退移动。

（距离与组数）每组5米，3～5组。

（注意事项）对侧手脚同时移动，同时肩部和臀部收紧。

（温馨提示）儿童练习过程中，家长可协助检查儿童移动距离及移动速度。

12. 横向蟹爬

横向蟹爬

（技术要领）　横向面对行进方向，仰卧用四肢撑地，臀部离地，手指与行进方向一致，手脚交替横向移动。

（距离与组数）　每组5米，3～5组。

（注意事项）　移动速度不宜过快，以免影响动作质量。

（温馨提示）　家长可参与训练并与儿童进行爬行比赛。

13. 鳄鱼爬

鳄鱼爬

（技术要领）　俯撑在垫上，两臂屈肘，一侧的前臂前伸，同时异侧大腿屈膝向体侧抬起，然后蹬腿屈臂，使身体向前爬行移动。依次交替进行。

（距离与组数）　每组5米，3～5组。

（注意事项）　移动距离不可过大，髋部随腿的前进左右摇摆，肩部收紧。

（温馨提示）　儿童练习中，家长从旁协助，避免儿童力量不足，直接趴到地上。

14. 阻力蜘蛛爬

阻力蜘蛛爬

技术要领 支撑准备，家长手拿一根弹力带系于儿童腰部，施加一定阻力，使其异侧手脚交替向前爬行。

距离与组数 每组5米，3～5组。

注意事项 弹力带保持适度的活动幅度，爬行过程中要保持躯干的稳定支撑。

温馨提示 弹力带可用毛巾或跳绳替代。

15. 小推车

小推车

技术要领 双手俯撑，腹部收紧，家长双手握住儿童双踝；儿童双手交替向前爬行。

距离与组数 每组5米，3～5组。

注意事项 家长应握紧儿童脚踝；练习中儿童腰腹收紧。

温馨提示 练习过程中，家长应根据儿童两手的移动距离来决定自己向前推的速度。

儿童稳定与
平衡支撑运动

　　稳定与平衡支撑运动可以发展儿童的平衡性和稳定性，能够提高力量、耐力、速度等基本运动能力。提高身体的平衡和稳定控制能力可以使儿童保持正确的身姿，预防运动损伤，提高动作质量。平衡与稳定能力不足，儿童在运动中易形成错误的动作机制，诱发运动损伤。儿童在稳定与平衡支撑练习时应注意合理的动作节奏和呼吸调整。

一、平衡性训练

1. 单脚站立

单脚站立

技术要领　双手叉腰单腿站立，躯干挺直，保持身体中立位，完成规定时间训练后换另一侧腿。

时间与组数　每组10～15秒，2～3组。

注意事项　保持核心收紧，骨盆处于中立位。

温馨提示　根据自身能力，循序渐进增加练习时间。

2. 闭眼单脚站立

闭眼单脚站立

技术要领　双手叉腰单腿站立，躯干挺直，保持身体中立位，闭眼完成规定时间训练后换另一侧腿。

时间与组数　每组10~15秒，2~3组。

注意事项　保持核心收紧，骨盆处于中立位。

温馨提示　根据自身能力，循序渐进增加练习时间。

3. 抗干扰单脚站立

抗干扰单脚站立

技术要领　单腿站立，躯干挺直，双臂自然下垂。家长手持球站立于练习者对面，将球抛向练习者，练习者接到球后抛回，重复进行规定次数后，换另一侧进行训练。

次数与组数　每组6~8次，2~3组。

注意事项　保持核心收紧，骨盆处于中立位。

温馨提示　可通过增加抛球的速度及抛球的距离提升训练难度。

二、稳定性训练

1. 臀桥

臀桥

技术要领 仰卧于垫子，双手放于身体两侧，屈膝勾脚，臀部收缩抬起髋部，直至肩、躯干、髋、膝在一条直线上，保持3～5秒，回到起始姿势，反复动作。

时间与组数 每组3～5秒，2～3组。

注意事项 练习中注意背部不要出现弓形，保持一条直线。

温馨提示 根据自身能力，循序渐进增加静态保持时间。

2. 屈膝平板支撑

屈膝平板支撑

技术要领 呈俯卧姿势，双肘屈肘90度，支撑于肩部正下方，双膝与肩同宽跪地，双肘推起，呈双肘双膝支撑姿势，背部平直成一条直线，在规定时间内保持身体稳定不动。

时间与组数 每组30～60秒，2～3组。

注意事项 保持核心收紧，不要憋气。

温馨提示 可通过采用标准平板支撑增加训练难度。

3. 平板撑

平板撑

技术要领 呈俯卧姿势，双肘屈肘90度，支撑于肩部正下方，双脚与肩同宽，双肘推起，呈双肘双脚支撑姿势，背部平直成一条直线，在规定时间内保持身体稳定不动。

时间与组数 每组30～60秒，2～3组。

注意事项 保持核心收紧，不要憋气。

温馨提示 如果感觉难度较大，可采用屈膝平板撑进行训练。

4. 撑墙提膝

撑墙提膝

技术要领 双脚依次量出四个脚掌的距离，双脚于第四个脚掌处并拢，双手支撑于墙面，身体前倾呈一条直线，收下颚。动作开始时，单脚向上提膝，提升至大腿与地面平行即可，同时勾脚尖，落地时用力蹬地，双侧交替进行训练。

次数与组数 每组10～20次，2～3组。

注意事项 提膝蹬地时注意动作频率，保持呼吸，不要憋气。

温馨提示 双脚距离墙面越远难度越大。

5. 上斜式伏地挺身

上斜式伏地挺身

技术要领 双脚依次量出四个脚掌的距离，双脚于第四个脚掌处并拢，呈站立位。双手与肩同宽支撑于墙面，双腿与地面角度尽量保持在45度，身体保持挺直，肩、髋、膝呈一条直线，动作开始时，先匀速俯身向下至最大幅度，然后手臂用力推起身体，反复进行练习。

（次数与组数）　每组10～15次，2～3组。

（注意事项）　注意背部不要出现弓形或反弓形，保持呼吸，不要憋气。

（温馨提示）　双脚距离墙面越远难度越大。

6. 屈膝侧桥

屈膝侧桥

（技术要领）　侧卧于地面，屈肘90度支撑，双腿屈膝，非支撑侧手叉腰，躯干与大腿保持一条直线。保持核心收紧，在规定时间内维持躯干稳定不动，换另外一侧进行练习。

（时间与组数）　每组10～15秒，2～3组。

（注意事项）　控制身体稳定，保持呼吸，不要憋气。

（温馨提示）　可采用标准侧桥练习增加训练难度。

7. 卷腹

卷腹

（技术要领）平躺在瑜伽垫上，双膝弯曲90度，双脚平放于地面，双手交叉抱肩。卷起时呼气，感受腹部的挤压，下落时吸气，匀速有控制地还原到起始姿势，重复进行训练。

（次数与组数）每组10～15次，2～3组。

（注意事项）合理呼吸，不要憋气。

（温馨提示）根据自身能力，循序渐进增加训练次数。

8. 侧起

侧起

（**技术要领**）侧卧于瑜伽垫上，一侧手臂平放于垫上，另一侧手臂举起，垂直于地面，双腿弯曲90度。起身时吸气，保持髋关节稳定，下落时呼气，缓慢下放身体至起始姿势。完成规定次数后，换另外一侧进行练习。

（**次数与组数**）每组10～15次，2～3组。

（**注意事项**）保持核心收紧，不要憋气。

（**温馨提示**）根据自身能力，循序渐进增加训练次数。

9. 动态臀桥

动态臀桥

技术要领 仰卧于垫上，双手放于身体躯干两侧，屈膝勾脚，臀部收缩，挺起髋部，直至肩、躯干、髋、膝在一条直线上，缓慢控制身体下落至臀部触地，重复进行练习。

次数与组数 每组10～15次，2～3组。

注意事项 保持核心收紧，不要憋气。

温馨提示 根据自身能力，循序渐进增加训练次数。

第

5

章

儿童蹲起与
跳跃运动

蹲起与跳跃运动是一项提高儿童下肢力量、核心力量以及爆发力的运动，属于典型的力量训练。首先，力量训练可以促进钙的吸收，使骨组织总量增加，从而促进身高增长；其次，力量训练可减少脂肪，帮助儿童有效控制体重，降低心血管疾病发病率。

16岁之前不宜进行大负荷的力量训练，可利用自身体重、轻重量的壶铃和哑铃、弹力带以及沙袋等器材进行功能力量练习。本章介绍了儿童利用自身体重及轻重量负荷进行蹲起和跳跃的一系列下肢功能力量训练动作。蹲起是复合的、全身性的练习，可以训练到大腿、臀部，同时可以增强骨骼、韧带和横贯下半身的肌腱；跳跃在蹲起基础上，通过下肢肌肉的爆发力，伴随肢体协调带动。蹲起与跳跃相辅相成，可以帮助儿童打造平衡的下肢力量。为避免身体局部负荷过大，家长可以和孩子一起练习，在练习中应注意合理的动作节奏、合理的呼吸、蹲起的练习姿态、跳跃后落地姿态，速度不宜过快，跳起回落后要收紧核心，屈膝缓冲，否则会导致膝关节损伤。训练刚开始不要追求高难度，应以循序渐进达到提高运动素质为目标。

一、蹲起训练

1. 徒手深蹲

徒手深蹲

（技术要领）呈站立位，挺胸抬头，双腿打开与肩同宽，脚尖、膝关节朝前方，双手置于胸前，缓慢下蹲至大腿与地面平行，站立恢复至起始位后，重复进行训练。

（次数与组数）每组10～15次，2～3组。

（注意事项）腰背挺直，核心收紧，膝关节不可内扣。

（温馨提示）根据自身能力，循序渐进增加训练次数。

2. 负重深蹲

负重深蹲

（技术要领）呈站立位，挺胸抬头，双腿打开与肩同宽，脚尖、膝关节朝前方，双手提一重物置于胸前，缓慢下蹲至大腿与地面平行，站立恢复至起始位后，重复进行训练。

次数与组数　每组8~10次，2~3组。

注意事项　保持核心收紧，膝关节不可内扣。

温馨提示　根据自身能力，循序渐进增加负重或训练次数。

3. 徒手弓箭步

徒手弓箭步

技术要领　分腿站立，挺胸抬头，保持背部平直，腹部核心收紧，双手叉腰，前侧腿屈髋屈膝成90度，全脚掌着地，后侧腿屈膝离地有一拳距离，臀部收紧，大腿垂直于地面，与小腿成90度夹角，脚尖支撑于地面，两侧交替进行训练。

次数与组数　每组10~20次，2~3组。

注意事项　躯干不可过度前倾，膝关节不可内扣。

温馨提示　根据自身能力，循序渐进增加训练次数。

4. 侧向弓箭步

侧向弓箭步

技术要领　站立，挺胸抬头，目视前方，保持背部平直，腹部核心收紧，双手叉腰，一侧腿屈髋屈膝，大腿与小腿成135度夹角，全脚掌着地，另一腿向身体外侧方向伸直，全脚掌着地，两侧交替进行训练。

次数与组数　每组10～20次，2～3组。

注意事项　保持核心收紧，屈膝侧膝关节与脚尖在同一方向。

温馨提示　根据自身能力，循序渐进增加训练次数。

5. 负重弓箭步

负重弓箭步

（技术要领）　分腿站立，挺胸抬头，目视前方，保持背部平直，腹部核心收紧，双手持重物于胸前，前侧腿屈髋屈膝成90度夹角，全脚掌着地，后侧腿屈膝离地有一拳距离，臀部收紧，大腿垂直于地面，与小腿成90度夹角，前脚掌支撑于地面，两侧交替进行训练。

（次数与组数）　每组10～20次，2～3组。

（注意事项）　保持核心收紧，膝关节不可内扣。

（温馨提示）　根据自身能力，循序渐进增加负重或训练次数。

6. 负重侧向弓箭步

负重侧向弓箭步

技术要领 站立，挺胸抬头，目视前方，保持背部平直，腹部核心收紧，双手持重物于胸前，一侧腿屈髋屈膝，大腿与小腿成135度夹角，全脚掌着地，另一侧腿向身体外侧方向伸直，全脚掌着地，两侧交替进行训练。

次数与组数 每组10～20次，2～3组。

注意事项 保持核心收紧，屈膝侧膝关节与脚尖在同一方向。

温馨提示 根据自身能力，循序渐进增加负重或训练次数。

7. 保加利亚分腿蹲

保加利亚分腿蹲

技术要领 双手叉腰自然站立，将后脚抬高于一定高度，前后脚距离以下蹲身体能留在中间、两膝不会感到不适为宜，屈膝下蹲时膝关节不宜超过脚尖，膝盖与脚尖方向一致，体会臀部、躯干向正下方移动，蹲起时前侧腿匀速发力将身体向上推起，完成规定次数后换另一侧进行训练。

（次数与组数） 每组8～10次，2～3组。

（注意事项） 保持核心收紧，膝关节不可内扣。

（温馨提示） 根据自身能力，循序渐进增加训练次数。

8. 后向弓箭步

后向弓箭步

（技术要领） 双手叉腰自然站立，挺胸抬头，单脚向后做弓箭步，前侧小腿与地面垂直且大腿与地面平行，后侧大腿与地面垂直且小腿与大腿成90度夹角，膝盖距离地面一拳距离，前脚掌支撑，两侧交替进行训练。

（次数与组数） 每组10～20次，2～3组。

（注意事项） 保持核心收紧，膝关节不可内扣。

（温馨提示） 根据自身能力，循序渐进增加负重或训练次数。

二、跳跃训练

1. 双脚连续跳

双脚连续跳

技术要领　站立位，挺胸抬头，双脚合拢。利用脚踝及腿部力量垂直向上跳起，手臂协调摆动，落地时前脚掌着地，膝关节微屈缓冲，连续快速进行跳跃训练。

次数与组数　每组10～15次，2～3组。

注意事项　保持重心稳定，全身协调发力。

温馨提示　根据自身能力，循序渐进增加跳跃高度。

2. 落地缓冲

落地缓冲

（技术要领）站立于高台，下落着地时屈膝屈髋缓冲，落地后前脚掌、膝关节及肩关节三点呈一条垂线，腰背挺直，双臂后摆至髋部两侧，静态保持1～2秒，重复进行训练。

（次数与组数）每组8～10次，2～3组。

（注意事项）练习前请做好热身准备。练习中保持身体中立位，下落后注意屈膝屈髋，保证身体姿态稳定。运动中注意调整呼吸。

（温馨提示）根据自身能力，循序渐进增加高台的高度。

3. 立定跳远

立定跳远

技术要领　双脚打开与肩同宽，屈膝屈髋下蹲，双臂后摆，腰背挺直，腹部收紧。双臂向上快速摆动，以手臂带动身体快速伸髋伸膝，双脚蹬离地面，身体向前上方翘起，空中身体充分伸展，落地时注意缓冲。

次数与组数　每组8～10次，2～3组。

注意事项　全身协调发力，注意落地缓冲。

温馨提示　根据自身情况，循序渐进进行负重跳跃。

4. 开合跳

开合跳

技术要领　双脚并拢，双手伸直置于身体两侧，双脚同时蹬地起跳，呈左右开立，双手同时于头顶击掌，重复训练完成规定次数。

次数与组数　每组15～20次，2～3组。

注意事项　保持核心收紧，手脚协调发力。

温馨提示　根据自身情况，循序渐进加快动作速度。

5. 分腿跳

分腿跳

技术要领 双脚前后分腿弓步站立，双手伸直置于身体两侧。双脚同时蹬地垂直向上起跳，手臂协调向上摆动，空中交换两腿前后位置，落地后缓冲降低重心，然后再次快速跳起，两侧交替进行训练。

次数与组数 每组8～10次，2～3组。

注意事项 保持核心收紧，膝关节不可内扣。

温馨提示 根据自身能力，循序渐进加快动作速度。

6. 侧向跳跃

侧向跳跃

（技术要领）双脚分开与肩同宽，站于小栏架一侧，屈膝屈髋，躯干前倾，手臂后摆，核心收紧。双腿同时发力向栏架上方跳起，双臂伴随向上快速摆动，越过栏架后屈膝屈髋落地缓冲，保持1～2秒，重复进行训练。

（次数与组数）每组8～10次，2～3组。

（注意事项）注意落地缓冲，膝关节不可内扣。

（温馨提示）根据自身能力，循序渐进增加跳跃高度。

7. 半蹲位连续跳

半蹲位连续跳

（技术要领）双脚开立与肩同宽，屈膝屈髋，躯干前倾，腰部挺直，双臂后摆于身体两侧。双腿同时蹬地垂直向上跳起，双臂伴随向上快速摆动。落地时注意屈膝屈髋缓冲，连续快速进行半蹲跳练习。

（次数与组数）每组8～10次，2～3组。

（注意事项） 保持核心收紧，膝关节不可内扣。

（温馨提示） 根据自身能力，循序渐进增加跳跃高度。

8. 半蹲位侧向跳

半蹲位侧向跳

（技术要领） 双脚开立与肩同宽，屈膝屈髋，躯干前倾，腰部挺直，双臂后摆于身体两侧。双腿同时蹬地向一侧斜前方跳起，落地时注意屈膝屈髋缓冲，然后再次跳起返回至起始点。

（次数与组数） 每组8～10次，2～3组。

（注意事项） 保持核心收紧，膝关节不可内扣。

（温馨提示） 根据自身能力，循序渐进增大侧向跳跃的距离。

第
6
章

儿童协调与
灵敏运动

协调与灵敏运动是身体运动能力的一种综合表现。发展协调性与灵敏性，不仅有利于运动系统、循环系统、呼吸系统等身体机能的发育，对视觉、听觉、左右脑开发等也有着极大的促进作用。同时，协调性与灵敏性练习也有利于增强关节的灵活性、稳定性、耐力和弹性，有助于提高儿童的运动能力与反应能力，在运动过程中能够准确、流畅、灵活地完成各种动作。

本章设计的训练内容从人体、目标和外界环境三个方面考虑，涉及感觉能力、认知能力和动作控制能力等，通过训练提升协调性和灵敏性，进而达到提高儿童捕捉信息的能力，提升儿童注意力和预判能力，使儿童在复杂多变的环境中调整并保持合理动作模式。同时，协调性与灵敏性训练还能让儿童在不损失身体平衡、力量、速度或身体控制能力的情况下，迅速、准确、协调地改变身体运动的空间位置和运动方向，可以更高效避免运动损伤。

一、上肢协调与灵敏运动

1. 双手快速击打

双手快速击打

（技术要领）站立于一个与腰同高的物体前，双脚开立与肩同宽，双膝微屈，上体前倾，腰背挺直，双手握住装水的矿泉水瓶（300毫升）。听到开始口令后，以肘关节为轴，双手同时快速反复击打物体。

（时间与组数）每组5～10秒，3～5组。

（注意事项）　重心在两腿之间，腹部收紧，控制身体平稳。

（温馨提示）　如果控制比较好，可以把水瓶的装水量加大，提高难度。也可在沙发、被子、靠枕上做快速击打。

2. 双手左右击打

双手左右击打

（技术要领）　站立于一个与腰同高的物体前，双脚开立与肩同宽，双膝微屈，上体前倾，腰背挺直，双手握住装水的矿泉水瓶（300毫升）。听到开始口令后，通过躯干旋转带动双手向身体一侧击打1次，然后转向另一侧击打1次，快速交替进行。

（时间与组数）　每组5～10秒，3～5组。

（注意事项）　重心在两腿之间，腹部收紧，控制身体平稳。

（温馨提示）　如果控制比较好，可以把水瓶的装水量加大，提高难度。也可在沙发、被子、靠枕上做快速左右交替击打。

3. 双手左右各3次节奏击打

双手左右各
3次节奏击打

（**技术要领**）站立于一个与腰同高的物体前，双脚开立与肩同宽，双膝微屈，上体前倾，腰背挺直，双手握住装水的矿泉水瓶（300毫升）。听到开始口令后，通过躯干旋转带动双手向身体一侧击打3次，然后转向另一侧击打3次，快速交替进行。

（**时间与组数**）每组5～10秒，3～5组。

（**注意事项**）重心可随敲击方向轻微移动，腹部收紧，控制身体平稳。

（**温馨提示**）如果控制比较好，可以把水瓶的装水量加大，提高难度。也可在沙发、被子、靠枕上做快速左右交替击打。

4. 快速交替击打

快速交替击打

（**技术要领**）站立于一个与腰同高的物体前，双脚开立与肩同宽，双膝微屈，上体前倾，腰背挺直，双手握住装水的矿泉水瓶（300毫升）。听到开始口令后，双臂交替快速击打物体。

（**时间与组数**）每组5～10秒，3～5组。

（**注意事项**）重心在两腿之间，腹部收紧，控制身体平稳。

（**温馨提示**）如果控制比较好，可以把水瓶的装水量加大，提高难度。也可在沙发、被子、靠枕上做快速左右交替击打。

二、下肢协调与灵敏运动

1. 双脚前后跳（1）

双脚前后跳（1）

技术要领　双腿并拢，屈膝屈髋，上体前倾。听到开始口令后，足跟抬起，用前脚掌小幅度快速前后跳跃，双臂配合协调摆动。

时间与组数　每组5～10秒，3～5组。

注意事项　腹部收紧，跳动时用前脚掌着地，注意落地缓冲。

温馨提示　如果控制比较好，可以适当加快跳动的频率与幅度。

2. 双脚前后跳（2）

双脚前后跳（2）

技术要领　双腿并拢，屈膝屈髋，上体前倾。在脚前方贴一条长20厘米的胶带。听到开始口令后，足跟抬起，用前脚掌在胶带前后快速跳跃，双臂配合协调摆动。

时间与组数　每组5～10秒，3～5组。

注意事项　腹部收紧，不可碰触胶带，注意落地缓冲。

温馨提示 如果控制比较好，可以适当加快跳动的频率与幅度。

3. 双脚连续跳

双脚连续跳

技术要领 双腿并拢，屈膝屈髋，上体前倾。在脚前方贴三条长20厘米的胶带，胶带间隔30厘米。听到开始口令后，足跟抬起，用前脚掌快速跳过三条胶带，然后转身跳回，双臂配合协调摆动。

时间与组数 每组5～10秒，3～5组。

注意事项 腹部收紧，不可碰触胶带，注意落地缓冲。

温馨提示 如果控制比较好，可以适当加快跳动的频率。

4. 双脚侧向跳（1）

双脚侧向跳（1）

技术要领 双腿并拢，屈膝屈髋，上体前倾。听到开始口令后，足跟抬起，用前脚掌快速左右跳跃，双臂端起配合摆动。

时间与组数 每组5～10秒，3～5组。

注意事项 腹部收紧，跳动时用前脚掌着地，注意落地缓冲。

温馨提示 如果控制比较好，可以适当加快跳动的频率与幅度。

5. 双脚侧向跳（2）

双脚侧向跳（2）

技术要领 双腿并拢，屈膝屈髋，上体前倾。在脚侧面贴一条长20厘米的胶带。听到开始口令后，足跟抬起，用前脚掌在胶带左右快速跳跃，双臂配合协调摆动。

时间与组数 每组5～10秒，3～5组。

注意事项 腹部收紧，跳动时用前脚掌着地，注意落地缓冲。

温馨提示 如果控制比较好，可以适当加快跳动的频率与幅度。

6. 双脚侧向连续跳

双脚侧向连续跳

技术要领 双腿并拢，屈膝屈髋，上体前倾。在脚侧面贴三条长20厘米的胶带，胶带间隔30厘米。听到开始口令后，足跟抬起，用前脚掌侧向快速跳过三条胶带，然后迅速跳回，双臂配合协调摆动。

时间与组数 每组5~10秒，3~5组。

注意事项 腹部收紧，不可碰触胶带，注意落地缓冲。

温馨提示 如果控制比较好，可以适当加快跳动的频率。

7. 侧向跳

侧向跳

技术要领 身体前方纵向放置一条3米的绳子，双腿并拢，屈膝屈髋，上体前倾，站立于绳子一侧。听到开始口令后，足跟抬起，以绳子为中心线，用前脚掌依次向斜前方进行左右跳跃，跳到终点时后退跳回，双臂端起配合摆动。

次数与组数 每组1~3趟，3~5组。

注意事项 腹部收紧，不可碰触绳子，注意落地缓冲。

温馨提示 如果控制比较好，可以适当加快跳动的频率。

8. 侧向前后跳

侧向前后跳

（技术要领）身体前方横向放置一条3米的绳子，双腿并拢，屈膝屈髋，上体前倾，站立于绳子一端。听到开始口令后，足跟抬起，以绳子为中心线，用前脚掌依次向斜前方及斜后方进行前后跳跃，跳至另一端后快速跳回，双臂配合摆动。

（次数与组数）每组1～3趟，3～5组。

（注意事项）腹部收紧，不可碰触绳子，注意落地缓冲。

（温馨提示）如果控制比较好，可以适当加快跳动的频率。

9. 侧向移动

侧向移动

（技术要领）双腿并拢，屈膝屈髋，上体前倾。在脚侧面贴三条长20厘米的胶带，胶带间隔30厘米。听到开始口令后，快速将靠近胶带的一只脚跨进胶条之间的格子里，另一只脚跟进移动，循环上述动作往返运动，双臂配合摆动。

（时间与组数）每组5～10秒，3～5组。

（注意事项）腹部收紧，不可碰触胶带，注意落地缓冲。

（温馨提示）如果控制比较好，可以适当加快跳动的频率。

10. 交叉跳

交叉跳

（技术要领）　双脚前后站立，双膝微屈，上体前倾，双臂前后屈肘。听到开始口令后，快速双脚前后弓步交叉跳，双臂配合摆动。

（时间与组数）　每组5～10秒，3～5组。

（注意事项）　腹部收紧，前脚掌着地，注意落地缓冲。

（温馨提示）　如果控制比较好，可以适当加快跳动的频率和幅度。

11. 侧向进进出出

侧向进进出出

（技术要领）　双脚分开与髋同宽，屈膝屈髋，上体前倾，在脚侧面贴3条长40厘米的胶带，胶带间隔40厘米，双脚站立于胶带一侧顶端。听到开始口令后，身体快速倒退跑至胶带底端，然后向斜前方两个胶带之间冲刺，循环上述动作，跑至终点时快速返回，双臂配合摆动。

（时间与组数）　每组5～10秒，3～5组。

（注意事项）腹部收紧，前脚掌着地，后退跑时躯干前倾。

（温馨提示）如果控制比较好，可以适当加快跳动的频率和幅度。

12. 侧向交叉跳

侧向交叉跳

（技术要领）横向放置一根绳子，双脚站立于绳子一端，双膝微屈，上体前倾，双臂前后屈肘。听到开始口令后，快速向绳子另一端做双脚前后弓步交叉跳，双臂端起配合摆动。

（次数与组数）每组1~3趟，3~5组。

（注意事项）腹部收紧，前脚掌着地，注意落地缓冲。

（温馨提示）如果控制比较好，可以适当加快跳动的频率和幅度。

家庭亲子
互动小游戏

　　亲子游戏是家长与孩子之间，以亲子感情为基础而进行的一种互动活动。利用闲暇时间，家人一起玩耍，可以提高孩子参与身体活动的积极性，在轻松愉快的游戏氛围中促进家庭成员之间的情感交流，有助于亲子间安全依恋的形成，培养儿童人际交往的能力，形成活泼开朗的性格和健全的人格。

　　在游戏中家长需要及时观察儿童对游戏的感知反应，例如心理兴趣度、身体配合度等，从而采取适合儿童身心发展水平与能力的方式来构建和调整游戏，促进儿童机体的生长发育、增强体质、提高健康水平和环境的适应能力，推进动作思维及社会能力的发展。游戏过程可视性较强，我们推荐家长与孩子一起扫描观看亲子游戏视频，随时随地、趣味十足。

1. 木头人

木头人

（技术要领）双脚分开与肩同宽，屈膝屈髋，上体前倾，手臂伸直撑于膝关节。家长用手掌以适当的力量推儿童的后背、肩部、手臂、大腿、膝盖等身体部位，儿童对抗阻力尽量保持身体稳定。

（次数与组数）每组10～20次，3～5组。

（注意事项）保持核心收紧，家长推时不能用力过猛。

（温馨提示）如果控制比较好，可采用单脚支撑。

2. 双人互相摸膝盖

（技术要领）划定一个区域，儿童和家长在规定的区域内协调移动，寻找时机，当一方用手触及另一方膝关节时为胜利。

时间与组数　每组60～120秒，3～5组。

注意事项　划定区域内不得有障碍物。

温馨提示　如果体能较好可以适当扩大场地范围。

双人互相摸膝盖

3. 大力士

技术要领　家长手持软垫于胸前，儿童身体前倾，双脚前后开立，双臂伸直推住软垫。当听到开始口令后，儿童双腿用力蹬地推软垫，家长对抗阻力向后缓慢移动。

距离与组数　每组5～10米，3～5组。

注意事项　家长施加的阻力不宜过大。

温馨提示　软垫可以是抱枕、枕头、充气平衡盘等。

大力士

4. 双人互抢纸片

技术要领　划定一个区域，儿童和家长的腰部两侧分别放置一块纸片，儿童和家长在规定的区域内协调移动，寻找时机，当一方用手撕下另一方的纸片时为胜利。

时间与组数　每组60～120秒，3～5组。

注意事项　划定区域内不得有障碍物。

温馨提示　如果体能较好可以适当扩大活动区域。

双人互抢纸片

5. 连续接纸片

连续接纸片

（技术要领）家长手中拿一张纸片，与儿童相隔3米距离，儿童以站立起跑姿势准备。当家长将手中纸片抛向空中时，儿童快速跑向纸片并尽量接住空中掉落的纸片。

（次数与组数）每组3～5趟，3～5组。

（注意事项）运动区域内不得有障碍物。

（温馨提示）可适当延长儿童跑动的距离。

6. 双人接纸片

双人接纸片

（技术要领）家长及儿童手中拿一张纸片，相隔3米距离。当听到开始口令后，家长和儿童同时将纸片抛向空中，家长及儿童快速跑向对方纸片并尽量接住空中掉落的纸片，重复进行。

（次数与组数）每组3～5次，3～5组。

（注意事项）跑动时注意互相避让。

（温馨提示）可适当增大相隔的距离。

7. 接纸片（1）

（技术要领）双脚分开与髋同宽，屈膝屈髋，躯干前倾，手中拿一块纸片。将纸片抛向空中，快速后退跑1米，然后快速跑去接住空中掉落的纸片。

次数与组数 每组3～5次，3～5组。

注意事项 运动范围内不得有障碍物，跑动时注意脚下安全。

温馨提示 可适当增加后退跑的距离。

接纸片（1）

8. 接纸片（2）

技术要领 自然站立，核心收紧，双手分别持一块纸片。将两块纸片同时抛向空中后，通过观察两块纸片的位置，用双手分别去接住两块纸片。

接纸片（2）

次数与组数 每组1次，5～10组。

注意事项 运动范围内不得有障碍物。

温馨提示 可适当增大两块纸片抛出的距离。

9. 接纸片（3）

技术要领 自然站立，核心收紧，手持一块纸片。将纸片抛向空中后顺时针转动一圈，通过观察纸片的位置，用双手去接住纸片。然后逆时针转动完成上述动作。

接纸片（3）

次数与组数 每组4～6次，3～5组。

注意事项 运动范围内不得有障碍物。

温馨提示 可适当增加转动的圈数。

儿童运动后
牵拉放松

　　牵拉放松是指在训练结束后通过筋膜松解、静态拉伸等一系列方法促进机体恢复的训练。如果把人体比喻成一辆超级赛车，为了最大化减少零部件磨损，就需要定期维修保养。运动后不进行牵拉放松，机体肌肉弹性及关节活动容易失衡，对于儿童则容易引起体态不良，产生圆肩驼背、高低肩等体态问题。通过有效的牵拉放松可以改善身体软组织的质量，保持良好的肌肉弹性和关节活动度，预防运动损伤。

　　儿童青少年软骨成分较多，水分和有机物质（骨胶原）较多，无机盐（磷酸钙、碳酸钙）较少，骨密质较差，骨骼富于弹性而坚固不足，不易完全骨折而易于发生弯曲和变形，同时儿童关节面软骨相对较厚，关节囊及韧带的伸展性大，关节周围的肌肉细长，关节活动范围大于成人，牢固性相对较差，在外力作用下易于脱位，儿童青少年的这些骨骼肌肉特点在牵拉训练中应加以注意。

　　如果家里有泡沫轴，先用泡沫轴进行按压放松肌肉，然后进行静态拉伸，如果没有泡沫轴，可以直接进行后面的静态拉伸动作。

一、筋膜松解

1. 泡沫轴松解小腿后侧

泡沫轴松解
小腿后侧

(技术要领) 双腿伸直坐于垫上，将泡沫轴置于小腿后侧下方。臀部轻微抬起，双手撑地，将小腿后侧在泡沫轴上进行上下滚压。

(次数与组数) 每组10~20次，1~2组。

(注意事项) 保持核心收紧，呼吸顺畅。

(温馨提示) 如果在滚压过程中遇到痛点，在痛点停留15~20秒。

2. 泡沫轴松解小腿前侧

泡沫轴松解
小腿前侧

(技术要领) 双手撑地，双膝跪姿，将泡沫轴置于胫骨前侧下方，膝关节抬起将小腿前侧在泡沫轴上进行上下滚压。

(次数与组数) 每组10~20次，1~2组。

(注意事项) 保持核心收紧，肩胛稳定，呼吸顺畅。

(温馨提示) 如果在滚压过程中遇到痛点，在痛点停留15~20秒。

3. 泡沫轴松解大腿后侧

泡沫轴松解
大腿后侧

技术要领　坐于垫上，双腿伸直，将泡沫轴置于大腿后侧下方。双脚抬离地面，将大腿后侧在泡沫轴上进行上下滚压。

次数与组数　每组10～20次，1～2组。

注意事项　保持核心收紧，腰背部挺直，呼吸顺畅。

温馨提示　如果在滚压过程中遇到痛点，在痛点停留15～20秒。

4. 泡沫轴松解大腿前侧

泡沫轴松解
大腿前侧

技术要领　俯卧于垫上，双肘撑地，核心收紧，将泡沫轴置于大腿前侧下方。双脚抬离地面，将大腿前侧在泡沫轴上进行上下滚压。

次数与组数　每次10～20次，1～2组。

注意事项　保持核心收紧，不要塌腰，呼吸顺畅。

温馨提示　如果在滚压过程中遇到痛点，在痛点停留15～20秒。

5. 泡沫轴松解大腿内侧

泡沫轴松解
大腿内侧

技术要领　俯卧于垫上，一侧腿外旋屈膝90度，将泡沫轴置于大腿内侧下方。将大腿内侧在泡沫轴上进行左右滚压。

次数与组数　每组10～20次，1～2组。

注意事项　保持核心收紧，呼吸顺畅。

温馨提示　如果在滚压过程中遇到痛点，在痛点停留15～20秒。

6. 泡沫轴松解大腿外侧

泡沫轴松解
大腿外侧

技术要领　侧卧于垫上，肘关节撑地，将泡沫轴置于大腿外侧下方，另一侧腿屈膝屈髋90度跨至身体前侧。将大腿外侧在泡沫轴上进行上下滚压。

次数与组数　每组10～20次，1～2组。

注意事项　保持核心收紧，呼吸顺畅。

温馨提示　如果在滚压过程中遇到痛点，在痛点停留15～20秒。

7. 泡沫轴松解臀部

泡沫轴松解臀部

技术要领   坐于垫上，将泡沫轴置于一侧臀部下方，另一侧腿髋外旋，将脚踝置于松解侧腿膝关节上方。将臀部在泡沫轴上进行上下滚压。

次数与组数   每组10～20次，1～2组。

注意事项   保持核心收紧，呼吸顺畅。

温馨提示   如果在滚压过程中遇到痛点，在痛点停留15～20秒。

8. 泡沫轴松解上背部

泡沫轴松解上背部

技术要领   仰卧于垫上，将泡沫轴置于胸椎段下方，屈膝屈髋90度，双手抱头维持颈椎稳定。将上背部在泡沫轴上进行上下滚压。

次数与组数   每组10～20次，1～2组。

注意事项   保持核心收紧，呼吸顺畅。

温馨提示   如果在滚压过程中遇到痛点，在痛点停留15～20秒。

二、静态伸展

1. 牵拉颈部侧面

牵拉颈部侧面

技术要领　坐于凳上，腰背挺直，一只手经头顶拉住头部另一侧，颈部匀速向举手侧弯

曲至最大幅度，静态伸展，保持呼吸顺畅。

时间与组数　每组15～30秒，1～2组。

注意事项　保持核心收紧，躯干稳定。

温馨提示　为增大拉伸幅度，非举臂侧肩部尽量下沉。

2. 牵拉颈部前侧

牵拉颈部前侧

（**技术要领**）　坐于凳上，腰背挺直，双手交叉放置于锁骨位置，固定锁骨。颈部匀速向后仰头至最大幅度，静态伸展，保持呼吸顺畅。

（**时间与组数**）　每组15～30秒，1～2组。

（**注意事项**）　保持核心收紧，躯干稳定。

（**温馨提示**）　为增大拉伸幅度，头后仰至最大幅度后可分别向左右转动头部，静态保持。

3. 牵拉肩部后侧肌群

牵拉肩部后侧肌群

（**技术要领**）　坐于凳上，腰背挺直，一侧手臂放松，用另一侧手将放松侧手臂拉向胸口，静态伸展，保持呼吸顺畅。

（**时间与组数**）　每组15～30秒，1～2组。

（**注意事项**）　不可耸肩且躯干不可旋转。

（**温馨提示**）　被拉伸侧手臂应处于放松状态。

4. 牵拉胸部肌群

牵拉胸部肌群

（技术要领）面对门框，双腿前后开立，双臂外展屈肘撑于门框两侧。保持腹部收紧，躯干匀速前移至最大幅度，静态伸展，保持呼吸顺畅。

（时间与组数）每组15～30秒，1～2组。

（注意事项）保持核心收紧，不要挺肚子。

（温馨提示）为增大拉伸幅度，身体前移至最大幅度后，身体可将重心转移到一侧手臂静态保持。

5. 牵拉背阔肌

牵拉背阔肌

(技术要领) 侧向面对门框，距离20～30厘米，双脚前后开立，双臂一上一下抓住门框的外侧，将髋关节向外侧移动进行背部伸展，静态伸展，保持呼吸顺畅。

(时间与组数) 每组15～30秒，1～2组。

(注意事项) 保持核心收紧，躯干稳定。

(温馨提示) 脚踝离墙面越近，拉伸强度越大。

6. 牵拉腹部肌群

牵拉腹部肌群

(技术要领) 俯卧于垫上，双腿伸直，双手撑于胸部两侧。手臂伸直撑起躯干，保持髋关节贴紧地面，静态伸展，保持呼吸顺畅。

（时间与组数） 每组15～30秒，1～2组。

（注意事项） 保持核心收紧，躯干稳定。

（温馨提示） 头部向上顶起，帮助延长脊柱。

7. 牵拉臀部肌群

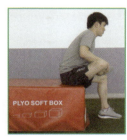

牵拉臀部肌群

（技术要领） 坐于凳上，腰背部挺直，屈膝屈髋90度。一侧腿髋外旋，屈膝跷于另一侧腿膝关节上方，双手分别置于腿跷起侧脚踝和膝关节处，躯干前倾下压至最大幅度，静态伸展，保持呼吸顺畅。

（时间与组数） 每组15～30秒，1～2组。

（注意事项） 保持腰背挺直，躯干匀速前倾下压。

（温馨提示） 双手尽可能维持跷起侧腿的小腿平行于地面。

8. 牵拉腘绳肌

牵拉腘绳肌

（ **技术要领** ）面对一把凳子自然站立，腰背部挺直，将一侧足跟置于椅子上，保持腿部伸直脚尖勾起。在腰背挺直的前提下，躯干前倾下压，在能力范围之内使躯干尽可能贴近大腿，静态伸展，保持呼吸顺畅。

（ **时间与组数** ）每组15～30秒，1～2组。

（ **注意事项** ）保持腰背挺直，躯干匀速前倾下压。

（ **温馨提示** ）如果感觉勾脚尖牵拉难度大，可以采用不勾脚尖的方式。

9. 牵拉股四头肌

牵拉股四头肌

技术要领 面对一面墙自然站立，腰背挺直。一侧手臂扶墙稳定身体，另一侧手抓住同侧脚踝完成屈膝动作，保持腹部收紧，静态伸展，保持呼吸顺畅。

时间与组数 每组15～30秒，1～2组。

注意事项 保持腹部收紧，不要向前挺肚子。

温馨提示 如果感觉扶墙不稳定，可以手扶门把手。

10. 牵拉小腿肌群

牵拉小腿肌群

技术要领 双脚前后开立呈弓步，核心收紧，脚尖向前，前侧脚离墙面30厘米。双手扶墙，前侧腿膝关节匀速向前移动至最大幅度，静态伸展，保持呼吸顺畅。

时间与组数 每组15～30秒，1～2组。

注意事项 不要向前挺肚子，双脚不可离地。

温馨提示 前侧脚离墙面越远难度越大。

第
9
章

小学生体质测试指标练习——
跳绳、仰卧起坐和坐位体前屈

一、跳绳

跳绳是小学体育中常见的练习项目，也是国家体质健康测试小学阶段的测试项目，长期坚持跳绳，不仅可以提升心肺功能和呼吸功能，增强血液循环，而且可以促进肠胃蠕动，对加快新陈代谢等都有良好效果。另外，通过双脚交换跳可以有效提高孩子的上下肢协调性；快速跳绳可以提高孩子的速度爆发力；长时间跳绳可以增加孩子上下肢肌肉耐力，提升心肺功能。

跳绳技术要点如下：

（1）握绳的方法：握在绳柄中后端，尽量向下或者相对。

（2）手上技术要点：两手上臂贴近身体，手腕用力，减少绳的运行周长。

（3）摇绳的方法：大臂靠近身体两侧，肘稍外展，小臂自然下垂，双臂略弯曲。用手腕发力作外展内旋运动，使两手在体侧做画圆动作。

（4）腿部技术要点：脚尖和前脚掌起跳落地，起跳高度不要太高，以刚能过绳子为最好，落地时膝盖微屈做缓冲。

（技术要领）准备动作开始，两脚掌蹬地发力，跳起一定高度，提膝、收腹、稍含胸，大臂下垂，尽量贴近身体，双手以手腕发力为主，迅速向前摇绳绕体一周，屈膝，前脚掌着地，即为完成一次。

1. 跳绳的练习方法

（1）定时跳

通过时间短、速度快的定时跳，降低强度，同时儿童在体力、耐力及神经控制上都处于兴奋的状态，也容易出好成绩。同时通过不同节奏的练习来体验，可以总结出适合自己的节奏，再进行计时跳绳， 这期间要坚持多次训练，熟能生巧。

① 分段增次

（练习要点）以20秒为单位，提高单位时间内的完成次数，争取达到60次。

（时间与组数）每组20秒，3组。

（注意事项）间歇时间不宜太长。

② 分段增时

（练习要点）分别以10秒、20秒、30秒为单位，练习多个单位时间内的完成次数。

（时间与组数）三个单位时间，分别完成6组、3组、2组。

（注意事项）单位时间不宜超过30秒。

（2）计数跳

（练习要点）不限定时间，但是一定要跳到规定的数值，目的在于训练下肢耐力和协调性，同时降低强度、提高正确率，也可以增强自信心，激发练习热情。

（次数与组数）每组10次，5组；每组20次，5组；以此类推。

（注意事项）少次多组，最大次数不宜过多。

（3）花样跳绳练习

双腿交换后脚跟点地跳、双腿前后跳、左右交叉跳、开合跳、双腿小幅度弓箭步交换跳、编花跳、跑跳、单脚跳、双脚交换跳等。

练习目的　训练跳绳的稳定性和下肢综合跳跃能力，同时增加练习的趣味性。

（4）其他辅助练习

① 上肢练习

练习形式　原地徒手摇绳训练、小哑铃、俯卧撑（初学者可选跪姿俯卧撑降低难度）、波比跳等。

练习目的　锻炼手臂力量，提升心肺功能。

② 下肢练习

练习形式　台阶跳、蛙跳、单脚跳、原地提踵练习、跪坐压踝练习、跪跳起练习。

练习目的　增强弹跳力和腿部肌肉力量，增强踝关节的揉韧性和力量。

2. 提高跳绳成绩的影响因素

（1）加强时间观念进行有节奏感的耐力训练

跳绳需要一定的耐力，并且要有节奏感，通过不同节奏的练习来体验不同时间的跳绳次数，算出 10秒、20秒、30秒内完成多少次，这样下来可以总结出适合自己的节奏再进行计时跳练习。另外还要注意呼吸节奏，跳一定次数呼吸一次，这样更能达到良好效果。可以选择节奏性强的音乐，以缓解焦躁的情绪，激发练习热情，增加跳绳乐趣。

（2）提高下肢弹跳素质

跳绳是通过双腿不停跳跃和双臂不停顿的摇摆来持续进行的。除了上、下肢的协调外，下肢的力量占主要部分。单脚垫跳、双脚垫跳、单双脚连跳、交换脚垫跳和连跳、屈腿跳、蹲跳、弓步交换跳等练习方法对提高前脚掌力量及脚踝蹬力起着重要作用。但下肢脚掌动作要准确，可用前脚掌跳或由全脚掌过渡到前脚掌蹬地跳。这些练习对耐力、弹跳力、速度及提高跳绳水平都有非常好的效果。通过发展速度、灵敏、协调、力量等身体素质，能有效发展下肢力量，促进身体机能的提升。

（3）灵敏性、协调性的训练

跳绳运动是手、脚、绳协调配合的运动，配合不协调会影响运动效果。在跳绳过程中要求每一次都要配合适当且合理。因此，跳绳运动是大脑协调指挥手、脚、腰腹、各肌肉、关节等部位的综合运动，对传送消息的神经系统也是一种很好的锻炼。要注意动作的节奏性，可以采取按音乐节拍进行练习的方法。反应速度可结合其他素质训练交替进行，如结合原地小步跑、原地高抬腿跑等练习。

3. 跳绳的注意事项

（1）不提倡拿绳就跳，先练习徒手动作，身体姿态调整好，徒手跳绳动作不变形，再拿绳练习。

（2）跳绳者应穿质地软、重量轻、弹性好的高帮运动鞋，避免脚受伤。

（3）跳绳的长度：通常情况下以一脚踩住绳子中间，两臂屈肘将小臂抬平，绳子被拉直为宜。

（4）跳绳软硬、粗细适中：初学者推荐使用竹节绳，软硬适中、不易伤人，熟练后可改为竞速绳。

（5）选择软硬适中的草坪、木质地板或泥土地的场地，或者塑胶场地，避免在硬性水泥或硬瓷砖地、大理石地面上跳绳，以免损伤膝关节和引起头部眩晕等不适。

（6）跳绳时要放松肌肉和关节，脚尖和脚跟要用力协调，防止扭伤。

（7）体重偏大者尽量采取双脚同时起落，同时，跳跃高度不宜过高，以免膝关节因过于负重而损伤。

（8）跳绳时需要注意配合一定节奏的呼吸，练习才能达到良好效果。

（9）跳绳前先让足部、腿部、腕部、踝部等关节部分做好充分的准备活动，跳绳后需做拉伸、放松活动。

（10）跳绳练习避开饭前和饭后半小时之内。

（11）训练强度安排：如采取模拟考试测试，不宜超过1分钟，最多不要超过3次，当发现脸苍白或者呼吸困难时立刻停止跳绳。

二、仰卧起坐

仰卧起坐项目是小学3年级以上体质健康测试的必考项目，同时是北京体育中考现场考试中力量项目的选考项目之一（另一项是双手前抛实心球），分值为10分。通过练习仰卧起坐能锻炼腹部肌肉，使腹部肌肉收紧，以便更好保护腹腔内的脏器；还可以拉伸背部肌肉、韧带和脊椎，并可以通过拉伸脊椎，调节中枢神经系统。

仰卧起坐的技术要点如下：

仰卧，两腿屈膝，膝关节靠拢，两手轻搭头后，利用腹肌收缩，两臂向前摆动，迅速成坐姿，上体继续前屈，肘关节触碰膝关节，然后还原成仰卧，如此循环进行。

1. 仰卧起坐的训练方法与手段

仰卧起坐的训练方法如下：

（1）计时训练

采取10秒、20秒、30秒等单位时间，训练多个单位时间内的完成次数。具体来说，10秒，要求保持较高的速度，重复3～5组；20秒，提高爆发力，做到动作不变形；30秒，是在训练20秒的基础上进行的提高训练；45秒，节奏训练；1分钟，前45～50秒节奏训练，最后15秒或者10秒加速完成；1分10秒，提高练习者的耐力。

（2）计次训练

逐渐延长每组的练习数量、缩短相应数量的每组所用时间，如每次训练20个仰卧起坐计时3组等。

仰卧起坐练习手段如下：

（1）腰腹核心稳定性力量训练

① 平板支撑

（技术要领）　屈肘，小臂与前脚掌撑地，身体呈一条直线。

（时间与组数）　每组30～45秒，3组。

（注意事项）　保持核心收紧，不塌腰，眼睛看地面。

② 静态臀桥

（技术要领）　仰卧，屈膝，大小腿成90度角，用脚跟踩地，双手掌心朝下，双臂在身体两侧支撑，发力使身体悬空，臀部抬起至大腿与身体呈一条直线。

（时间与组数）　每组30～45秒，3组。

（注意事项）　保持核心收紧，均匀呼吸，不要过分挺腰腹。

③ 90度静态卷腹

（技术要领）　仰卧，双腿屈膝抬起，小腿与地面平行，双手轻搭于头两侧，上背部抬起，核心收紧，目视前方。

（时间与组数）　每组30秒，3组。

（注意事项）　核心收紧，颈部放松。

④ 仰卧蹬车

动作要点，仰卧，双腿与地面呈30度角，双腿交替屈伸，俗称蹬三轮。

（次数与组数）　每组30次，3组。

（注意事项）　保持腹部收紧，大腿带动小腿充分蹬伸，速度越慢越好。

⑤ 俄罗斯转体

（技术要领）坐于垫上，上体挺直稍向后仰，双腿屈膝抬起，双脚悬空，稳定后，双手交叉握紧，转动双肩带动双臂移动，从而带动双手触碰身体两侧地面，目前跟随双手移动。

（次数与组数）每组20次，3～5组。

（注意事项）保持核心收紧，双腿保持稳定。

⑥ 坐卧屈膝收腹

（技术要领）坐于垫上，手臂在身后撑地，指尖朝前，身体稍向后倾，双腿屈膝，收腿同时收腹。

（次数与组数）每组12次，3组。

（注意事项）核心收紧，背部可稍弓。

⑦ 仰卧屈腿两头起

（技术要领）平躺，两腿屈膝，屈肘，双手轻搭于头两侧。臀部与双肩同时离地，额头向膝盖贴近，不用接触。

（次数与组数）每组12次，3组。

　注意事项　速度不宜过快，腹肌发力，起时吸气，下落时呼气，不憋气。

　温馨提示　腰部下方垫一块毛巾使腰部尽量贴紧地面。

⑧ 动态臀桥

　技术要领　仰卧，屈膝，大小腿成90度角，用脚跟踩地，双手掌心朝下，双臂在身体两侧支撑，发力使身体悬空，臀部抬起至大腿与身体呈一条直线。然后身体还原成起始状态，注意身体始终不接触地面。

　次数与组数　每组12～15次，3组。

　注意事项　保持核心收紧，均匀呼吸，不要过分挺腰腹。

⑨ 仰卧两头起

　技术要领　仰卧，双腿并拢伸直，两臂头前伸直。腹肌发力带动手臂和腿上抬至最高点，然后回到起始状态。

　次数与组数　每组12次，3组。

　注意事项　起时吸气，放下时呼气，不要有意憋气。

（2）仰卧起坐动作辅助练习

① 屈膝双臂交叉于胸前固定脚练习

（技术要领）双手交叉抱于胸前，身体平躺背部紧贴地面，屈膝大腿与小腿成90度角，双腿并拢，双脚固定，通过腹部发力带动躯体直立的仰卧起坐动作。

（次数与组数）每组15～20次，3组。

（注意事项）腹肌发力。

② 屈膝双臂交叉于胸前不固定脚练习

（技术要领）双手交叉抱于胸前，身体平躺，背部紧贴地面，屈膝大腿与小腿成90度角，双腿并拢，通过腹部发力带动躯体直立的仰卧起坐动作。

（次数与组数）每组12次，3组。

（注意事项）腹肌发力，双脚尽量保持稳定。

③ 直腿双臂交叉于胸前固定脚练习

技术要领 双手交叉抱于胸前，身体平躺，背部紧贴地面，直腿贴于地面，双腿并拢，双脚固定于地面，通过腹部发力带动躯体直立。

次数与组数 每组12次，3组。

注意事项 腹肌发力，此动作适宜腹肌力量较好者练习。

2. 提高仰卧起坐成绩的关键点

（1）仰卧起坐的发力

注意做仰卧起坐的时候，要靠腰腹发力，手部不参与发力。前面也提到，很多儿童都是因为腰部没力气，想靠手来发力带动身体坐起。这种发力，对颈椎压力比较大。因此，前面提到腰腹稳定性和腰腹核心力量训练就很重要，这些训练是基础。有了力量基础，再来改善动作就会很快。

（2）仰卧起坐的呼吸节奏

动作过程中要注重动作节奏和呼吸节奏的配合。在做仰卧起坐时，快速而有序的动作节奏与呼吸节奏配合是确保腰腹局部肌群多次、重复产生爆发力的保障。发力做起坐动作的一刹那，要屏住呼吸，在肘关节接触膝盖的一刹那要主动、快速地用力呼气，躺下的过程中主动吸气。

3. 仰卧起坐项目的注意事项

（1）儿童的肌肉力量较小，应避免长时间、多次练习完整的仰卧起坐，应多选择腰腹核心力量或稳定性训练等内容。

（2）练习仰卧起坐时要注意循序渐进，不能过分追求次数，应注意动作完成的质量，体会腰腹发力的感觉。

（3）关于仰卧起坐考试，很多家长都挺担心孩子在练习时用手掰脖子对颈椎造成的压力会比较大。其实这个项目本来是依靠腹部肌肉坐立起来，以达到锻炼目标的。然而很多孩子为了弥补腹部力量的不足，往往会猛拉颈部，大幅度抖动双臂，用力向前拉伸，带动整个躯干坐起，如此一来，人体的颈椎和颈部软组织都承受了很大的屈曲应力，容易发生韧带拉伤甚至腰椎间盘突出。这样还会刺激或压迫相邻的脊髓、神经，产生颈椎部疼痛、头痛、眩晕、耳鸣等颈椎病临床症状。可见，如果不采取科学、合理的练习方法，成绩得不到提高，反而会加大机体损伤的风险。

三、坐位体前屈

坐位体前屈是我国大、中、小学阶段都要进行的学生体质健康测试项目之一，测试目的是测量在静止状态下的躯干、腰、髋等关节可能达到的活动幅度，用于检测韧带和肌肉的伸展性和弹性，以及身体柔韧素质的发展水平。柔韧素质与健康的关系极为密切，柔韧性提高，对增强身体的协调能力，更好发挥力量、速度等素质，提高技能和技术，防止运动损伤都有积极的作用。

坐位体前屈的技术要点如下：

坐姿，两腿并拢，膝关节保持伸直状态，脚尖向上，然后身体慢慢前屈，上体与腿尽量贴近，双手触碰或超越脚尖。

1. 坐位体前屈的练习方法

（1）立位练习

① 立位体前屈

（技术要领）双脚开立与肩同宽，腰部、背部放松，上体前屈，双手指尖或手掌触地。呼气，上体与腿尽量贴近，也可两手臂向后环抱小腿后部。

（时间与组数）有节奏地振动及静态保持 15 秒，3 组。

（注意事项）低头，下颌收紧，膝关节不要弯曲。

（温馨提示）动作提升的方法：两腿并拢，继续加大练习难度和强度。

② 正压腿

技术要领　身体正对较高的平台，一条腿伸直，脚后跟放在平台上（在家练习，可以把椅子、沙发、桌子、床头板等家具当作平台），另一条腿支撑于地面。双腿膝关节伸直，上体向前、向下做振压的动作，双手扶前伸腿踝关节前部，并逐渐加大力量，然后换腿做。

时间与组数　有节奏地振动及静态保持 15 秒，3 组。

注意事项　支撑腿膝部和背部保持伸直。根据练习水平，由低到高选择平台压腿，两腿尽量伸直。

③ 其他辅助练习方法

弓步压腿、侧压腿、横叉、竖叉等。

（2）坐位练习

① 坐位分腿体前屈

技术要领　坐于垫上，双腿伸直，最大限度打开，勾脚，呼气，上体慢慢前倾，后背挺直，双手向前撑地，或单手摸同侧脚尖。

时间与组数 有节奏振动及静态保持 15 秒，3 组。

注意事项 膝关节不要弯曲。

温馨提示 动作提升的方法：两脚分开与肩同宽，继续加大练习难度和强度。

② 跨栏坐体前屈

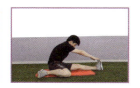

技术要领 跨栏姿势坐于垫上，呼气，上体慢慢前倾，两手抓握直腿的脚，一定次数后左右腿互换。要求充分伸展双腿和腰部。

时间与组数 有节奏地振动及静态保持 15 秒，交换腿进行，每侧 3 组。

注意事项 伸直腿膝关节不要弯曲。

③ 单腿盘坐体前屈

技术要领 坐于垫上，以右腿在体前伸直为例，左腿弯曲，脚跟接触右大腿内侧，左小腿外侧尽量贴近地面，与右腿组成三角形，背部挺直，呼气，上体慢慢前倾，双手抓右脚脚尖，右腿膝部保持伸直，动作幅度尽量大。

时间与组数 有节奏地振动及静态保持 15 秒，交换腿进行，每侧 3 组。

④ 辅助坐位体前屈

（技术要领）一人按照单人练习的要求做，另一人在其身后将双手平铺在练习者后背，缓慢向下加力压。

（时间与组数）可按照单人练习要求，或根据实际情况自行安排。

（注意事项）身体前屈时呼气，当练习者能用手抓住脚踝，静态保持10～15秒。辅助者动作不宜过猛或加速用力，防止运动损伤。

⑤ 双人拉锯

（技术要领）两个人面对面坐在垫子上，脚对脚，练习者两腿并拢伸直（辅助者可屈腿），上体前屈，手相扣，互相拉动。

（次数与组数）每组12次，3组。

（注意事项）动作不宜过猛或加速用力，防止运动损伤。

2. 提高坐位体前屈成绩的关键点

坐位体前屈考察的是身体的柔韧性，即躯干、腰、髋等多个部位韧带和肌肉的伸展性和弹性，因此提升身体柔韧素质可以提高坐位体前屈的成绩。

（1）遗传因素

身高、坐高、手臂长度以及腿部长度等先天遗传因素对坐位体前屈的成绩有一定影响，其中主要的影响因素是腿部长度，腿部长度占比大的人在进行体前屈测试时更难取得好成绩。

（2）后天柔韧素质能力

坐位体前屈主要考察的是身体后侧的柔韧性，即脊柱、髋关节等多个关节部位的活动度和相关肌肉的伸展性，因此发展身体后侧链柔韧素质可以提高坐位体前屈的成绩。

（3）主动拉伸和被动拉伸

柔韧性练习可采取主动的拉伸和被动的拉伸。主动拉伸是借助自身重力和力量拉伸，被动拉伸是借助外力帮助更大幅度进行拉伸。为了加深、加强练习效果，建议采取主动拉伸和被动拉伸相结合的练习方法。

（4）柔韧性练习的时间和次数

柔韧性每种姿势练习的时间和次数可以逐渐增加，每种姿势应重复3次以上。

（5）柔韧性练习的强度

柔韧性练习应采用缓慢、放松、有节制和无疼痛的练习，做到"酸加""痛停""麻停"，练习强度随着柔韧性的提高而逐渐加大。

（6）柔韧性练习要全面

不论是准备活动中的拉伸，还是专门发展某些关节柔韧性练习，都要兼顾到身体各关节柔韧性的全面发展。

3. 坐位体前屈的注意事项

柔韧素质的提高需要系统化、长期化和多次化的训练。一方面，初次练习易产生不适感，甚至酸痛感，经过一段时间的练习，疼痛感和不适感才能消除。另一方面，如果练习停止一段时期，已获得的效果就会有所消退，长期坚持才能见效。

附　录

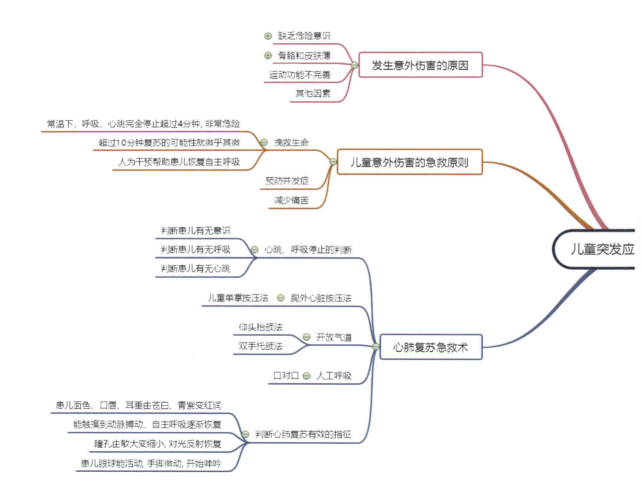

附图1　儿童突发应急事件处理常识

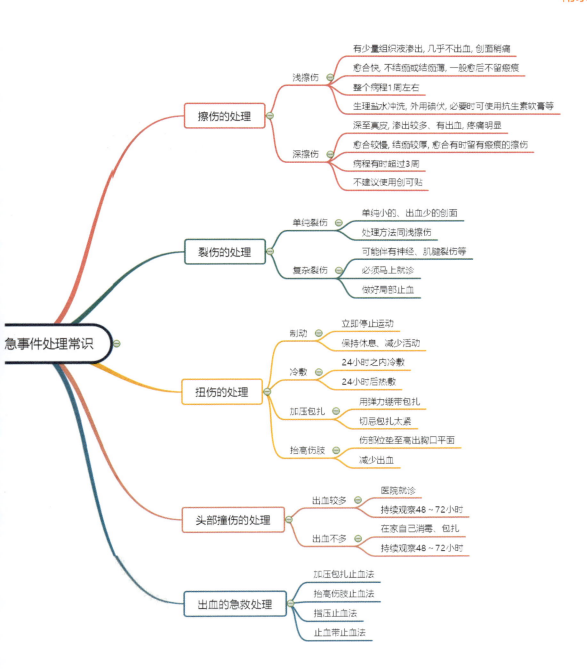

- 急事件处理常识
  - 擦伤的处理
    - 浅擦伤
      - 有少量组织液渗出,几乎不出血,创面稍痛
      - 愈合快,不结痂或结痂薄,一般愈后不留瘢痕
      - 整个病程1周左右
      - 生理盐水冲洗,外用碘伏,必要时可使用抗生素软膏等
    - 深擦伤
      - 深至真皮,渗出较多、有出血,疼痛明显
      - 愈合较慢,结痂较厚,愈合有时留有瘢痕的擦伤
      - 病程有时超过3周
      - 不建议使用创可贴
  - 裂伤的处理
    - 单纯裂伤
      - 单纯小的、出血少的创面
      - 处理方法同浅擦伤
    - 复杂裂伤
      - 可能伴有神经、肌腱裂伤等
      - 必须马上就诊
      - 做好局部止血
  - 扭伤的处理
    - 制动
      - 立即停止运动
      - 保持休息、减少活动
    - 冷敷
      - 24小时之内冷敷
      - 24小时后热敷
    - 加压包扎
      - 用弹力绷带包扎
      - 切忌包扎太紧
    - 抬高伤肢
      - 伤部位垫至高出胸口平面
      - 减少出血
  - 头部撞伤的处理
    - 出血较多
      - 医院就诊
      - 持续观察48～72小时
    - 出血不多
      - 在家自己消毒、包扎
      - 持续观察48～72小时
  - 出血的急救处理
    - 加压包扎止血法
    - 抬高伤肢止血法
    - 指压止血法
    - 止血带止血法

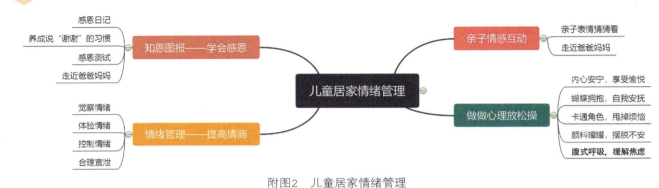

附图2　儿童居家情绪管理

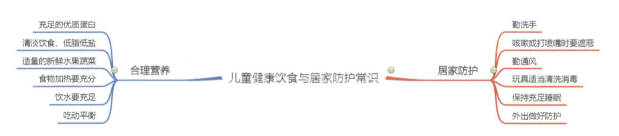

附图3　儿童健康饮食与居家防护常识

健康生活习惯小常识

1.掌心擦掌心。

2.手指交错，掌心擦掌心。

3.手指交错，掌心擦掌背，两手互换。

4.两手互握，互擦指背。

5.指尖摩擦掌心，两手互换。

附图4 六步洗手法

6.拇指在掌中转动，两手互换。

附图5 打喷嚏方式

亲子互动

走近爸爸妈妈

自从孩子降临到这个世界，他的一颦一笑、一举一动，都深刻地烙在父母的脑海中，那么孩子脑中又有多少父母的信息呢？父母可以和孩子玩一个"父母信息比赛"，可以邀请其他孩子在微信中回答问题，各自的父母给自己的孩子评分。比赛的题目如下：

1. 妈妈的生日是哪天？

2. 爸爸的鞋子是多少号？

3. 爸爸最喜欢吃的菜是什么？

4. 妈妈最喜欢吃的水果是什么？

5. 爸爸最喜欢的体育项目是什么？

6. 妈妈最欣赏的歌手是谁？

7. 爸爸妈妈的口头禅是什么？

8. 爸爸妈妈最欣赏你的哪一点？

　　最后写下你最想和爸爸妈妈说的一句话＿＿＿＿＿＿＿＿

体验情绪

体验情绪可以让孩子从小形成善解人意的良好性格。家长可以让孩子按照以下格式造句：

当_____的时候，我感到_____，那感觉就好像_____，于是我就_____。

对于学龄前的儿童，家长可以引导孩子用发声语言的形式来完成这个作业，对于学龄期的儿童可以用纸笔完成这个作业。

亲子表情猜猜看

父母和孩子提前共同制作一些小卡片，每个卡片上都写一个描述情绪的词，例如"害怕""害羞""惊喜"等，父母和孩子每人抽取一张，通过抽签决定谁先表演，表演者通过肢体语言和面部表情表达这个情绪，让对方去猜。

参考文献

［1］王瑞元. 运动生理学. 北京：人民体育出版社，2013.

［2］郑继翠. 儿童意外伤害预防与急救全攻略. 上海：中国中福会出版社，2019.

［3］于洋. 学前儿童卫生与保健. 河南：河南大学出版社，2018.

［4］中国就业培训技术指导中心. 公共营养师. 北京：中国劳动社会保障出版社，2012.

［5］中国营养学会. 中国儿童平衡膳食算盘. 2016版.

［6］郑日昌. 心理健康教育. 北京：语文出版社，2012.

［7］邓凤莲，王洋洋. 从解剖学视角解析大学体育教学中仰卧起坐动作的合理形式. 当代体育科技，
　　 2019，12：107-109.

［8］李鹏. 小学生仰卧起坐练习方案的设计及练习效果研究. 首都体育学院，2019.

［9］张建飞. 青少儿体能与户外. 北京：北京体育大学出版社，2018.